BLICK ZURÜCK OHNE ZORN

AF280341

*Ich widme diese Sammlung
meiner Frau,
mit der ich über 52 Jahre verheiratet war,
und unseren drei Töchtern.*

Blick zurück ohne Zorn

Auszüge aus sieben Jahrzehnten
der „Kleinen Versfabrik"

von

Roland F. Ziegler

Bibliografische Information der Deutschen Nationalbibliothek
Die Deutsche Nationalbibliothek verzeichnet diese Publikation
in der Deutschen Nationalbibliografie; detaillierte bibliografische
Daten sind im Internet über http://dnb.d-nb.de abrufbar.

Schreibarbeiten: Valborg Sasse
Umschlaggestaltung, Satz und Layout: Rudolf Kinzinger
ISBN 978-3-8391-9132-3
Herstellung und Verlag: Books on Demand GmbH, Norderstedt

Inhalt

Vorwort

Ich hatte von jeher viel Spaß daran, meine Mitmenschen stets kritisch (und meist wohlwollend) zu beobachten und ihre Verhaltensweisen gelegentlich in geeigneter Form und zuweilen augenzwinkernd zu kommentieren.

Angesichts der Fülle und Vielfalt des in meiner „Kleinen Versfabrik" angesammelten Materials kam schon früh der Gedanke auf, wenigstens Teile daraus einem größeren Interessentenkreis zugänglich zu machen, zumal die Reaktionen beim jeweils erstmaligen Vortrag durchweg ermutigend waren. Inzwischen drängte die Zeit.

Bei der nach Thematik und Umfang notwendigen Auswahl geeigneter Beiträge für dieses Büchlein lag mir daran, möglichst auch die zeittypische Atmosphäre deutlich werden zu lassen – einerlei, ob es sich um die Einkleidung eines jungen Potsdamer Leutnants, um „Probleme" einer Besatzungstruppe, um Vorgänge in einem Gefangenenlager oder Begebenheiten während der Ausbildung, aus der Hamburger Dienstzeit, sowie auch aus dem privaten Bereich handelte.

Anstoß zur aktuellen Veröffentlichung – und zugleich Leitmotiv – war die folgende Lebensweisheit von *WILHELM BUSCH*, auf die ich zufällig stieß:

> *„Höchst erfreulich und belehrend*
> *ist es doch für jedermann,*
> *wenn er allerlei Geschichten*
> *lesen oder hören kann. "*

Dies Büchlein erfüllte seinen Zweck, wenn es mir gelungen wäre, bei dem geneigten Leser eine angenehme Mischung aus Spaß und Nachdenklichkeit zu erzeugen.

AMMERSBEK, im August 2010

Roland F. Ziegler

Wiedergeburt einer Hose

GLOSSE
POTSDAM 1940

Es war Dezember anno 40,
als eine alte grüne Hose,
an der schon alle Knöpfe lose,
erkannt ward als besonders „würzig".

Ein Mensch, der just zugegen war,
stellt fest, zufrieden und vergnüglich:
Der Stoff der Hose ist vorzüglich!
Das Stück wird mein, noch dieses Jahr!
Er, der ja gerade sowieso
ein Höschen suchte, war nun froh,
dass das, worauf er so erpicht,
vorhanden war. – Nur passt ihm nicht,
dass erstens: diese Hose grün
und daher so nicht anzuzieh'n –
dass zweitens: Anstoß sie erregt,
weil der, der sich darin bewegt,
von hinterwärts – Schockschwerenot! –
den Anblick eines Büffels bot –
dass drittens auch das Hinterleder
der Hose sonderbar und weder
geschmeidig noch auch offenbar
als solches zu gebrauchen war.

So war es zweifellos vonnöten,
nicht nur das Unkraut auszujäten,
nein, um die Scharte auszuwetzen,
durch anderes Leder zu ersetzen,
was hinterwärts noch am Gesäß
in keinster Weise wunschgemäß.

Mit Freuden positiv verbuchte
der Mensch, der bess'res Leder suchte,
dass sammetweich sich dieses fand –
wohl aufgenäht von Meisterhand –

auf einer Hose, die nicht würdig
des Leders, da nicht ebenbürtig
an Stoff sowohl als an Gestalt
dem Stück, dem all sein Sehnen galt.

Betrübt berichtet eine große
des Hinterteils beraubte Hose,
dass nach dem Hosenhinterntausche
ein Mensch sich immerfort berausche
an dem, was seiner Hose Schmuck
geworden sei durch Tauschbetrug.

Ein jeder sieht es: Somit war
die Hose und das Leder klar.

Ein Mensch ist glücklich. – Jedoch fast
vergisst er, dass das Ding nicht passt.
Und auf erregten Lippen brennt
die Frage ihm, ob aufgetrennt
und zugeschnitten dann mit Liebe
der Hose Wert der gleiche bliebe.
Als diese Frage ihm bejaht,
fasst er sich Mut zu weit'rer Tat,
und konstatieret ganz empört:
Der Hose grüne Farbe stört!
Sie sei zwar von der Polizei,
doch dieses sei ihm einerlei.
Das Grün passt nicht zum neuen Leder!
Er fragt: Gibt's Hosenwechselbäder?
Natürlich! Keinerlei Bedenken:
Er kann, sobald es ihm beliebt,
zur Färberei die Schritte lenken
und hoffen, dass es Schneider gibt,
die schnell und billig sich bequemen,
den Hosenbau zu übernehmen.

Auch hier die letzte Schranke fällt
durch Zigaretten (nicht durch Geld).

Die Augen richtet himmelwärts
ein Mensch. – Es klopfet ihm das Herz,
als dankbar in Empfang er nimmt
die Hose, die für ihn bestimmt.

Frühling in der Wüste

MARMARIKA [1] / NORDAFRIKA 1941

Ach, wie genossest Du voll Wonne
das Strahlenband der Wüstensonne
nach kühler Nacht! Die Zauberkraft
jedoch, die alles Leben schafft,
zehrt, dörrt die Erde aus. Die Flur
bleibt fruchtlos, brach liegt die Natur.

Im Herzen regt sich – unerfüllt –
der Wunsch, das heimatliche Bild
des Frühlings zu erblicken. Traum
bleibt alles: Nirgends Grün, kein Baum
voll Blüten, keine satten Wiesen,
kein Bächerauschen, Blumensprießen,
kein Mensch, der hoffnungsvoll erneut
sein Feld bestellt. Kein buntes Kleid
vom Wind bewegt. Kein Kinderreigen.
Kein Kreiselspielen, Drachensteigen –
und heimlich fester knüpft das Band
sich Dir zum fernen Vaterland.

Sinnbild des Orients: Es blickt scheel
würdevoll – dämlich ein Kamel
Dich Phänomen der Neuzeit an.
Es blickt Dich an, als sei's im Tran:
Verständnislos, verachtungsvoll,
fremdartig zwar, doch ohne Groll.

Sinnbild des Orients: Gemächlich
trappelt ein Esel – nebensächlich
und sinnlos, ihn zu treiben. Friedlich,
ewig geduldvoll, unermüdlich
zieht er des Wegs. Unendlich weit
und unbegrenzt sind Raum und Zeit.

---

[1] Breiter, wüstenhafter Küstenstreifen im libysch-ägyptischen Grenzgebiet; 1941/42 wiederholt
Schauplatz schwerer Kämpfe des DAK

Maifest oder 3. Kompanie

PÄANIA / GRIECHENLAND 30.4. / 1.5.1944

Prolog

****

Ein ausgewählter Hochgenuss
ist – wie Ihr wisst – der Musenkuss.
Er ist ein herrliches Erlebnis,
wie endlich ich nach langen Jahren
des Schweigens an mir selbst erfahren.
Und heute hört Ihr das Ergebnis,
denn folgendes ist außer Frage:
Die Muse hat mich dieser Tage
geküsst, wie selten ich's erfuhr,
und dieses nicht am Tage nur,
nein, abends, in die späte Nacht
hat sie ein Feuer mir entfacht,
und hat das Feuer noch geschürt,
so dass ich heut – Gott sei's geklagt –
gestehen muss, wie man so sagt –
dass **dieses** Mädchen mich verführt.
Was teils gesehn ich, teils erlebt,
teils auch gehört an Dingen,
will ich, wenn ihr gut Obacht gebt,
jetzt nur in Versform bringen.
Doch setz ich jeden gleich ins Bild,
dass Übelnehmen heut' nicht gilt.

****

Frühlingserwachen

Ostern hat sein buntes Band
überall in *GRIECHENLAND*
ausgebreitet, ausgestreut,
was des Menschen Herz erfreut.

Die goldne Sonne neu erstrahlt,
das trübe Bild wird frisch gemalt.
Weil die Ziegen Junge kriegen,
gibt es viele junge Ziegen.
Ein jeder Hammel, alt und brav,
gesorgt hat für ein junges Schaf;
und auch die Hühner waren fleißig:
je wohl zwanzig oder dreißig
jener netten, kleinen Küken
PÄANIAs Höfe schmücken.
Nicht genug! Noch ist zu sagen,
dass in diesen Ostertagen
ungezählte tüchtige Hennen
sich zum Osterei bekennen.
Denkt an jene roten Eier,
die zu froher Morgenfeier
an den Ostersonnentagen
stopfen manchen Landsermagen.
Doch fehlte ganz der Schöpfung Krone,
wenn dieser Aufbruch völlig ohne
den Menschen selbst ins Rollen käme:
Die Torte wäre ohne Creme!
So wie die Küken sich enteiert,
so hat die Jungfrau sich entschleiert
was heimliche Gemeinschaft war,
wird nun als Hochzeit offenbar.
Schier ungezählte junge Paare
bekennen sich im neuen Jahre
zu dem Prinzip, das unsere Welt
unsterblich macht, zusammenhält.

Wie traurig wär's um uns bestellt
und welche Toren wären wir,
verkennten wir die schöne Welt
rings um uns in *PÄANIA* hier!
Wie unnatürlich wäre es,
wenn wir, die hier schon halb zu Haus,
uns abseits stellten, wo indes
das Griechenvolk in Saus und Braus
vergisst, was schwer und schmerzlich war,
und freudig grüßt das neue Jahr.
Ich schlage vor: Wir feiern mit!
Denn gegen neuen Lebens Flut
gibt es kein Weigern! Haltet Schritt
und helft, wo's geht, dann wird es gut!

Betriebsausflug

Groß ist der HYMETTOS-Berg,
wer davor steht, ist ein Zwerg,
doch noch größer, imposanter,
wird er, wenn der Mensch im Bann der
allgewaltigen Natur
demütig und kleinlaut nur,
zum Entschluss sich durchgerungen:
Dieser Berg wird heut' bezwungen.
Und so startet mittags schon
eine Expedition,
willens, außer Kraftgewinnung
aufzubessern die Gesinnung.

Doch bleibt unerreicht der Zweck,
wenn der Steiger kein Gepäck
bei sich hat und unbepackt
diese Nuss HYMETTOS knackt.
Unvertretbar zweifellos
ist, dass bei Gefechtsberührung
Schütze Arsch sich selbst erschoss,
weil die Truppe ohne Führung.
Und so musste denn alsbald
Kabeldraht von ob' nach unten
für das Volk im Tale drunten
sichern die Befehlsgewalt.
Schweißbetropfet, wohlbelastet
hat man sich empor getastet,
um an Berges höchster Stelle
anzutreten zum Appelle.
Nach Kabelbaus Beendigung
war glänzende Verständigung
nicht nur mit dem Volk im Tale,
unter allen Kameraden,
sondern auch mit einem Male
mit zwei Schwestern, ungeladen,
aus ATHEN vom Roten Kreuz,
die grad damals ihrerseits
sich zum Aufstieg angeschickt.

Der alte Brauch blieb ungeknickt:
Denn unverkennbar war es wohl,
dass wir nicht ohne Alkohol
den Aufstieg und Appell beendet.
So hat das Blatt sich bald gewendet:
Die Mädchen, die erst kühl erwogen,
bald fühlten sie sich hingezogen
nach *PÄANIA*, welches man
ATHEN wohl nicht vergleichen kann.
Der weitere Verlauf ist klar:
An einer Päania-Bar
verlief der Abend ziemlich heiter
bei viel Retsina und so weiter.
Die Mädchen gingen leider bald,
es schwanden Schönheit und Gestalt.
Doch weiter ging das schöne Fest,
und alles wieder voll gewest.

Lob der Fliegerei

So mancher Jüngling hat nun mal
´nen Hang zum Fliegerpersonal.
Ein jeder möcht' in dieser Zeit
mal fliegen hier auf Erden,
das deutsche Volk – so heißt es heut' –
muss ein Volk von Fliegern werden.
Schon viele kennen den Genuss
des Fliegens und des Sich-Erhebens,
des zwanglos Durch-die-Lüfte-Schwebens,
HELM es erst noch erleben muss.
Doch gerade er, der Motorkenner,
den dieses Wunder packen müsste,
gehört nicht zu der Schar der Männer,
die stürmisch drängen nach der Kiste.
Luftwaffen-*SCHLEICHER*, jüngst aus *NISCH*
zurückgekehrt an unsern Tisch,
wird da wohl kühl – verwegen
den Schädel nur bewegen,
bedauern den Strategen,
und Hinweis geben, dass der Flug
bei Sonne und bei Regen
der Neuzeit wesentlichster Zug.

Doch hört, wie **HELM** sich jüngst benahm,
als man darauf zu sprechen kam:

So wachsam er zu Lande sei –
oft ist die Welt des Lobes voll –
so packte ihn ein tiefer Groll
beim Stichwort: "**HELM** zur Fliegerei!"
Es war in einem trauten Kreise,
als viele dem Geburtstagskinde
(- Retsinatrunk ist keine Sünde)
die Hand gequetscht in alter Weise.
Zur Freude unsres lieben *KÄSTLE*
kam auch Inspektor *JUNG* zum Festle.
„Ein Motor fehlt dem Kfz.1",
sagt *JUNG* – Man sitzt bequem zu Tisch –
„Jawohl! Das Allerbeste scheint's,

Wachtmeister *HELM* fliegt mit nach *NISCH*;
schon übermorgen, Montag früh,
es fliegt ne Kampfmaschine
He 111 – surrt wie 'ne Biene.
Wie gern flög' ich, ich fliege nie."
Und *Wilhelm HELM*, so ein Stratege,
so sagt man ihm, und man hat Recht,
wär' auf normalem Wege
als Bordmonteur nicht schlecht.
Welch wahrer Aufstieg vom Chauffeur
zum Kampfmaschinenbordmonteur!
In tausend Gefahren
Ruhe bewahren,
tapfer und rege
als Oberstratege
montieren, schießen,
den Sturzflug genießen,
dem Feinde was niesen –
die Nase begießen,
wenn endlich nach vollbrachter Tat,
man Boden unter den Füßen hat.
Kameraden, das sind Taten,
wie sie ziemen dem Soldaten.

HELM, der dieses kaum gehört,
blickt in die Runde ganz verstört,
er ist noch nicht besoffen,
doch sichtlich schwer getroffen.
Deswegen wirft er kleinlaut ein:
„Herr Oberleutnant, muss det sein?"
Er fasst sich an den Binder:
„Ick habe Frau und Kinder,
und andre drängen sich danach,
mir aber macht det Fliejen schwach."
Der Runde ist es gegenwärtig,
Stratege *HELM* ist völlig fertig.
Im Geiste haben alle schon
ins Flugzeug ihn hinein gesetzt
und sich an diesem Bild ergötzt.
Doch schrill tönt da das Telefon.
Erhoben hat sich *JUNG* sofort:
„Inspektor *JUNG*, wer ist denn dort?"

Angerufen hat, wie's scheint,
NEUMANN, unser aller Freund,
Oberfeld der Fliegerei,
schafft Gerät aus NISCH herbei.
Leider fliegt er nicht am Montag,
sondern morgen früh schon, Sonntag.
„Geht klar, in Ordnung!", sagt Inspektor,
„Ich schicke da als zweiten Mann,
´ne Koryphä' vom Werkstattsektor,
die das MG bedienen kann."
Indes der *HELM* zuseh'nds erblasst,
denn darauf war er nicht gefasst,
dass alles derart ernst schon steht. –
Ja, Kinder, wie die Zeit vergeht.
Noch einmal *HELM* die Bitte stellt,
doch einzustell´n das grausam' Spiel.
Das aber ist selbst uns zu viel.
HELM fliegt! Das Urteil ist gefällt.
Ein Kampf in **WILHELMs** Herzen tobt
und zweifelnd beide Seelen lobt
er, die, wie ihm jetzt klar bewusst,
entzweien seine Heldenbrust.

Auf, Junge, setz Dich in Bewegung,
zu regeln ist noch die Verpflegung,
Heimatadresse anzugeben –
hinein ins volle Menschenleben!
Der Chef wünscht einen schönen Flug,
der Oberfähnrich – nicht genug –
sagt: „*HELM*, auf die Familie pfeif'
und halt ja beide Ohren steif!"
Abschließend wird befohlen,
D.-Ausweis abzuholen,
Abteilung V, um 18 Uhr,
und – „Bitte, *HELM*, sei'n Sie nicht stur!"

Doch leider schlug's statt sechse sieben,
es ist dem *HELM* erspart geblieben.
Die Sache mit dem Werkstattflug,
war leider Gottes ein Betrug.

Casanovio Casanova

Die Kompanie war sehr erbost:
Acht Wochen gab es keine Post.[2]
Nun wird die Post nicht ausgelost,
nein, so, wie jeder liebgekost,
von Vati, Mutti, Freunden, Mädchen,
zart angelacht in vielen Städtchen,
so teil'n sich auf die Päckchenberge
auf Päckchenriesen, Päckchenzwerge;
wer schüchtern war, kriegt viel zu wenig
im Gegensatz zum Mädchenkönig.
Vom Chef ward damals schon erwogen,
den Herrn drei Tage zu entbinden
vom Dienst, auf dass er könnt verwinden,
was er an Briefen hat bezogen.
Zu dieser Überlegung
führt schnurstracks die Erwägung,
dass dieser Herr, einst frisch und munter,
nun völlig mit den Nerven runter;
der Briefe war'n es hundertdrei,
wenn ich mich recht entsinne:
Disziplinar geahndet sei,
was hier geschah – Pfui Spinne!
Denn Post von solcher Schwerkraft
bedeutet Zersetzung der Wehrkraft.
Die Mädchen machen den Jungen zur Sau!
Ich schlage vor: drei Tage Bau,
und Meldung danach; die Post sei erledigt
für alle Empfänger durch Einheitspredigt.
Und **SIEBERT** klagt,
und **SIEBERT** sagt:
„Das Leben ist so schön, so schön, so schön,
man muss es nur verstehn, verstehn, verstehn."
Und die Moral von der Geschicht':
Verführt mir unsere Jungen nicht!
Leicht lieben will geübt sein,
doch Vorsicht beim Verliebtsein!

---

[2] Durch die Verlegung der Truppe von *RUSSLAND* nach *GRIECHENLAND* entstand eine „Feldpost-Versorgungslücke".

Ein Mann wird fertig

Ein Mensch, vom Urlaub just zurück,
träumt meistens noch vom Urlaubsglück.
Er kann nach schweren Tagen
der Rückkehr, die gar arg gespickt
mit Kälte, Schmutz und Plagen,
die seine Stimmung sehr geknickt,
ein Schnäpschen wohl vertragen.
Ein Mensch, der sonst als ernst bekannt,
ein Mensch, der seriös, -
der Frohsinn hat ihn übermannt
und dieses traf ihn bös.

Es war der gute *THEODOR*,
den man zum Opfer sich erkor.

Doch *THEODOR* kann viel vertragen
an Körper, Seele und an Magen.
so machte man den Grundsatz wahr:
Erst divide dann impera!
Nun hat sich *THEO* sehr geschont,
er weiß nicht, was ein Séparée
und kennt nur, weil er's so gewohnt,
viel kalten Kaffee oder Tee.
Was er in Russland getrunken,
das hatte wenig Sinn,
es ist schon längst versunken
und war nur Medizin.
Drum fühlt er sich bei Alkohol
verhältnismäßig gar nicht wohl.

Eine stattliche Zahl von Köpfen
begann ihn sich vorzuknöpfen
und nach dem Wahlspruch „Jedem das Seine"
ein jeder einzeln: das war das Gemeine!
So wurde *THEO* langsam übel;
er suchte bald nach einem Kübel,
sprang auf und stürzte aus dem Haus
zur großen Flügeltür hinaus,
erreicht mit Mühe den Balkon,
die Ordonnanz schlägt auf den Gong.

Und – wo bleibt da die Ehre? –
Lang über die Barriere
gibt *THEO* alles, was er hat,
er hat das viele Trinken satt.

So geht es Leuten, welche passen,
wenn andre es sich schmecken lassen.

Junge Liebe

Vor kurzem noch ein zarter Knabe
war *SCHORSCH*; man sah ihm gar nicht an,
dass er besäße jene Gabe,
die Mädchen närrisch machen kann.

Hierher befohlen aus *ATHEN*,
kam *SCHORSCH*, wie andre auch,
und, wie mir scheint, um fremd zu gehen
nach alter Väter Brauch.
Wohl keinen sah'n die Mädchen an
so liebevoll wie *SCHORSCH*.
Sei froh, Du alter Lebemann,
dass ich nicht näher forsch'!
Doch so gefährlich ward sein Charme,
dass die Empfehlung allseits warm,
ihn wieder nach *ATHEN* zu schicken.
Ein alter Brauch muss sich mal knicken.
Und *SCHORSCH* ging wieder nach *ATHEN*,
um neue Opfer zu erspäh'n.
Doch Treue ist das Mark der Ehre,
ich hör, dass er noch oft begehre -
und sei's auch nur am Telefon –
nach einem liebevollen Ton
aus unserm Dorf *PÄANIA*,
wo es wohl doch am schönsten war.

PAUL PAWELSKI

Es war just anno dazumal
im Jahre TRIPOLIS [3],
als man durch PAUL, den Korporal
aufs Schalten kommen is.
Und darauf hat man kurz gefasst
auf beiden Schultern ihm verpasst
je einen kleinen Silberstern.
Er hat's verdient, man hat es gern.
Für Um-, Auf-, Ab- und Zwischenschaltung
und sonst'ge ständ'ge Mühewaltung
ward er belohnt, hervorgehoben.
Hier stimmt's: Der Segen kam von oben.
Von früh bis spät ward umgeschaltet,
ward umgemodelt, neu gestaltet,
und PAUL passt auf, dass jeder Draht
genau die richt'ge Lage hat.

Doch häufig matt
wird ein Soldat,
wenn Kamerad
Geburtstag hat.

Zu einer Zeit, ganz ungebührlich
wie immer, abends spät natürlich
ruft an der Chef: PAWELSKI, Auftrag –
"Verdammt!", denkt PAUL, „heut ist doch Sauftag!"
Der Chef entledigt sich des Auftrags
am späten Abend dieses Sauftags,
zerpflückt ins Kleinste, was er will;
doch PAUL PAWELSKI schweiget still,
auch als er wiederholen soll.
Da packt den Alten tiefer Groll;
Er hört Musik! Was ist denn bloß
mit dieser Rasselbande los?
Da hört er, dass ein Kamerad
am heut'gen Tag Geburtstag hat.
Und ohne länger noch zu fragen,
hat er nur folgendes zu sagen:
„Es hat ja eig'ntlich Zeit bis morgen,
mir scheint, Ihr habt heut andre Sorgen."

---

[3] Stadt im Zentrum der Halbinsel PELOPONNES (erster Standort in GRIECHENLAND – 1943)

Schlussappell

Es folgen die letzten Schritte
zum Abschluss des langen Gedichts.
Und ich hätte sonst weiter nichts
als folgende dringende Bitte:
Dass abseits vom großen Pulverfass
Ihr mehr und mehr daran denket, dass
das Leben in *PÄANIA,*
so schön es ist, so schön es war,
ganz ungewollt von jedermann
ein plötzlich Ende nehmen kann.
Schon *ADAM* einst im Paradies
die Einsicht voll vermissen ließ:
Er dachte einfach nicht daran,
dass alles anders kommen kann,
wenn man an gar nichts Böses denkt
und losen Mädchen Äpfel schenkt.[4]
Ihr wisst, verderblich sind Tavernen:
Es gilt, aus *ADAMs* Fehlern lernen!
Drum wollen wir inmitten Blüten
noch fester ziehn die Hurratüten.
Und, wenn's dereinst den Göttern frommt,
bereit sein, wenn's mal anders kommt.[5]

---

[4] Der Autor hat hier wohl irgendetwas durcheinander gebracht!
[5] Der unvermeidliche, Monate lange und überaus komplizierte Rückzug in Richtung *MITTELEUROPA* begann im Oktober 1944.

Krieg - ein kurzer Rückblick

GEFANGENSCHAFT 1945

So stehst Du da – gefangen –
und bist hinaus gegangen
vor Jahren fast als Kind
noch. Und die Jahre sind
Dir wie im Flug vergangen.
Jetzt stehst Du da – gefangen!

Du denkst zurück: Die Mahnung
des Vaters, dass voll Schmerzen
ein Krieg sei, stand als Ahnung
Dir vor dem jungen Herzen,
als einst vor langen Jahren
Du an die Front gefahren.

Du warst Soldat, doch noch gehemmt,
noch war das Waffenhandwerk fremd
dem Wesen, Dir. Zu plötzlich
trat ein das Kriegsgeschehen
Noch warst Du blind, zu sehen,
dass wahrhaft es entsetzlich.

Zu Anfang ward befohlen
der „Feldzug" gegen POLEN -
nicht etwa „Krieg" (dies läst'ge Wort
ließ man aus gutem Grunde fort).
Doch schon am dritten Tag war klar,
dass dies der zweite Weltkrieg war.

Der „Feldzug" streckt sich. Langsam taut
die Fremdheit auf, und ganz vertraut
wird nun auch Dir der Zustand „Krieg".
Es heißt „Am Ende steht der Sieg!"
Nur **eine** Sprache gibt's, die „Krieg"
so wohlgefällig reimt mit „Sieg".

Im zweiten Kriegsjahr wird es deutlich:

Der „Feldzug" streckt sich nicht nur zeitlich,
er dehnt sich räumlich. Um dem Leben
des ungeachtet Sinn zu geben –
im Zeichen dies Bestreben steht
Dein Drang nach mehr Aktivität.

Verschwommen noch, geformt noch kaum,
entgleitet Dir der Jugendtraum
friedlicher Arbeit. An der Schwelle
des Mannesalters deren Stelle
erzwingt sich zeitgemäß und hart
Gewalt und Fluch der Gegenwart.

Gefangenschaft

FRANKREICH 1945 – 1947

Der Ästhet

*(OBERLEUTNANT **GROß** ZUM 33. GEBURTSTAG)*

33! Drei und DREIßIG!
Mittelalter! Fleißig, fleißig!
Auf dem Blechkanister hocke
- hört man – stets im blauen Rocke
EBERHARD. Noch keinem ward
Lob und Preis ohne Fleiß!
Gott, was treibt er?
Gott, was schreibt er?
Etwa seine Memoiren
aus den schweren Russland-Jahren?
Minen legen, Minen räumen,
Partisanen schießen
von den Bäumen…
Einzig unterbrechen kann
seine Arbeit dann und wann
eine Mahlzeit. Nur Gewinst
ist sie, wenn zum Gottesdienst
ausgedehnt, sie, wahrhaft schön
aufgebaut und anzusehn.
Oder, dass die harte Pflicht
als Offizier vom Dienst ihn nicht
recht zur Ruhe kommen lässt:
Pflichtbewusst, bestimmt und fest
kommandiert zum Dienst bei *HEEGER*[6]
er die Schar der Essenträger.
HARRE zwar die Gruppe führt;
dennoch monopolisiert,
hat das Amt des O.v.D.
in der Gruppe zwo von je
- und daher von je genoss -
einzig **OBERLEUTNANT GROß**.

---

[6] verantwortlich für die Lebensmittelausgabe im Block IV des Kriegsgefangenenlagers

33! Man wird älter
(damit zweifellos auch kälter)
und – so glaub' ich – wird es Zeit,
dass auch er Gelegenheit
findet würdig im Geleit
einer Frau (das heißt: zu zweit)
und daheim herumzuloffen.
Dass dies bald sei, ist zu hoffen
und gewiss zu wünschen wert
heute, da sich sichtbar jährt
jener Tag, an dem Herr **GROß**
seinem Elternhaus entspross.

1946
Jahr der Freiheit!? Diesmal irrt sich
- hoff ich – nicht der Gratulant.[7]
Dem Geburtstagskind die Hand
drückt er, dass gesund es bleibe,
gut die Haftzeit sich vertreibe,
auf dem Blechkanister hocke
unverzagt im blauen Rocke.

---

[7] Er irrte sich, leider.

Gedanken beim Erwachen

*MULSANNE / SARTHE
SPÄTHERBST 1946*

Durch zwei schmale Fenster fällt
erstes trübes Morgenlicht -
noch hab ich die Sorgen nicht
jener andern großen Welt.

Wovon leb' ich? – Kein Erbarmen
kennt man - lässt mich drin im Käfig
schuldlos! – Oft ist mir, als träf' ich
Dich dort draußen. In den Armen
halt ich Dich, Du siehst mich an
ganz wie früher. Und ich frage:
wie viel inhaltlose Tage
vegetiere ich noch? Wann
kehre endlich ich zurück?
Wer hat immer noch das Recht,
mir zu sagen: Du bist Knecht –
was kehrt mich Dein Missgeschick?!

Doch da denk ich an die vielen
guten Kameraden, die
nicht mehr sind; ich denke, wie
unerbittlich Gottes Mühlen
Jahr für Jahr gemahlen haben.
Gott, warst Du es, der den Jungen
dieses Schicksal aufgezwungen?
Gott, warst Du's, der mit so knappen
Stunden sie nur hat bedacht?
Haben sie mit Deinem Wissen,
statt das Leben zu genießen,
an der Schwelle Halt gemacht?

Eltern, Kinder, Frauen, Bräute
haben ohne lautes Klagen
Tag für Tag zu Grab getragen
stolze Hoffnung, einz'ge Freude.
In die unbegrenzte Weite
schweift der Geist. Im engen Reich
des Gefang'nen ewig gleich
sind sich gestern, morgen, heute.

Ein Gedanke nur erhält
aufrecht, einmal heißt es: Morgen
bist Du frei! – Geliebte Sorgen
jener andern großen Welt.

Mit zerknitterter Mütze…

*(DEM FREUND **KLAUS BREDEHÖFT** ZUM 33. GEBURTSTAG)*
MULSANNE / SARTHE 1946

Seht – mit zerknitterter Mütze
bietet dem Schicksal er Trotz -
KLÄUS'chen, der **BREDEHÖFT**s Spross
zur Zeit als P.G. in *MULSANNE*.
Denket, wie viele Gefahren
ihm dräuhten im feindlichen *RUSSLAND* !
Niemals jedoch ward gebeugt er
so tief wie – gefangen im Käfig,
entblättert jeglichen Rechts
und jeglicher Würde benommen –
als Prisonnier Nr. 30
und Inhaber hölzerner Bettstatt.
Nicht alles Gold ist, was glänzt –
sagt uns ein Sprichwort. Jedoch
niemals des Glanzes zu schämen
braucht sich, was echt ist und wahr.
Sehet! Der Aufstieg begann:
Einstens noch still und verschlossen
stieg er zum Lichte empor
als Chef einer Wellblechbaracke.
Und ein getreues Weib
gedachte des Ihren zum Christfest.
Zeitgerecht setzte sie in Marsch,
was des Gatten einsamer Trost.
Freudig erregt ihn die Kunde,
dass alles bestens im Lote
ferne im Brede – Gehöft
nicht weit von der Mündung der Elbe.
Mächtig die Schwingen schon regt
der junge Adler im Neste,
harret des Tages der Heimkehr
des sagenumwobenen Vaters.
Kehrt der erst heim aus der Haft
aus Frankreichs Gefangenenlagern,
sind ihm verstattet drei Tag',
dass er ausruh' die müden Gebeine.

Hat sich der vierte genaht jedoch,
ist mit der Einsamkeit Schluss:
Also gebeut es der Sohn,
ein Sprössling von eben sechs Jahren –
Schon dräuh'n ihm die Klauen der Schule.
Ja, an der Jugend Erblüh'n
ermisst man das eigene Altern.
Schon sind es dreißig und drei
der Jahre, seitdem er das Licht
dieses mit Fluch so beladenen
Jammertales erblickt.
Möge das kommende Jahr
dem Geburtstagskind Segen bescheren,
Friede am häuslichen Herd
und die Freude erfolgreichen Wirkens.
Dieses wünschen von Herzen
unterzeichnete Kongratulanten.

(gez. *Gerhard* WIERTZ, *Roland* ZIEGLER)

„Elf Jahre danach"

(DR. KLAUS BREDEHÖFT ZUM 44. GEBURTSTAG)
HAMBURG, 28.12.1957

Ach, mit zerknitterter Mütze
bot er dem Schicksal einst Trotz,
KLÄUS'chen, der BREDEHÖFTs Spross
gefangen im Lager MULSANNE.
Abgehärmt harrte damalen
das Weib in Erwartung des Ihren
daheim, wo die Klauen der Schule
den Erstgebor'nen schon packten.
Elf Jahre später – wer ahnte
die glückliche Wendung der Dinge –
strahlend bedeckt KLÄUS'chens Blöße
inzwischen ein modischer Hut,
beispielhaft symbolisierend
die Würde des Trägers sowohl
als auch den Aufstieg der Sippe.
Traumhaft, verschwommen den Sinnen,
spürbar als Albdruck zuweilen,
taucht wie ein Schatten empor
im Nebel die Wellblechbaracke.
Ob sie noch steht, die verwünschte?
Und wenn, unter wessen Kommando?
Und mit wie vielen Mannen belegt?
Gleichviel! Der Marschschritt der Zeit ging
achtlos darüber hinweg.
Entronnen der grausigen Schule
ist PETER, der große, inzwischen,
indes der jüngere JOCHEN
(vor Jahren noch kaum konzipiert)
schon lenket die munteren Schritte
in der Schule gespenstischen Rachen.
Wie mag es – fragt der Chronist sich –
in abermals elf Jahren aussehn?
Möge ein gütiger Stern
auf dem Wege der BREDEHÖFTs leuchten!
Darauf am heutigen Tag
einen guten kräftigen Schluck!

Nächtliche Promenaden

Medizinisch ungeklärt
ist die Frage, ob verkehrt
oder richtig man das Essen
einverleibt, das zugemessen.
Wichtig, dass es sich hier handelt,
darum, ob nur **der** nachtwandelt,
der **erst** Brot isst und **dann** Suppe
schlabbert oder ob dies schnuppe.
Fest steht, unbestreitbar bleibt,
dass der Bohnenkaffee treibt.
Ganz entschieden übertrieben
scheint nur, dass allein die Rüben
unsere Nieren so belasten,
dass wir uns ins Freie tasten
müssen mehrmals in der Nacht,
ohne Weig'rung. Der Verdacht,
dass das knappe Brotes–Drittel
– samstags – ein geheimes Mittel,
uns beweglich zu erhalten,
Nächte „laufend" zu gestalten,
drang bislang nicht an mein Ohr.
Aber wiederholt beschwor
man, dass kleine schwarze Kugeln,
die sie in die Suppen schmuggeln,
Anlass seien, nachts aufzusteh'n
und die Sterne zu beseh'n.
Doch nach ernster Prüfung hieß es,
unzutreffend sei auch dieses.
Diskussionen und Debatten,
die das gleiche Thema hatten,
wurden abgebrochen schließlich,
da das Thema unersprießlich.
Fest allein steht einwandfrei,
dass die ganze Rennerei
Kismet ist – aus ist die Qual:
Kismet ist irrational!

Ländlicher Rhythmus[8]

Still und friedlich, ohne Hitze,
auf dem Kopf die Baskenmütze,
trabt entlang die Lagerstraße
JEAN mit seinem Jauchefasse.

Papa liefert nach Belieben
Kohl, Karotten oder Rüben,
und er hat sich ausbedungen,
dass er wöchentlich den Jungen
schickt mit Gaul und Fassgefährt,
abzuholen, was noch wert.

Seht: So kehret stets in Bälde,
was gewachsen auf dem Felde,
formverwandelt - welches Glück! –
auf das gleiche Feld zurück.

---

[8] Entsorgung im Kriegsgefangenenlager

Mit Dir allein

MULSANNE / SARTHE 1946/47

So oft ich in Gedanken zu Dir gehe,
erfass' ich Deine Hand, erleb' ich Deinen Blick,
und immer kehrt mein Sinnen
zu einem Punkt zurück:
Wann wird es sein, dass ich Dich wiedersehe?

So oft ich in Gedanken vor Dir stehe,
bin ich dem Wunder stets verfallen,
wie lieb mir Deine Augen strahlen.
Wie wird es sein, wenn ich sie wiedersehe?

Ich will, dass blitzesschnell vergehe
die Zeit. Ganz wider die Vernunft
will ich, dass sie zusammenschrumpft
bis an den Tag, da ich Dich wiedersehe.

Weihnachtsfeier der Juristischen Tischgesellschaft

GÖTTINGEN, 3. DEZEMBER 1953

Der Ausbilder

Aus den Gefilden der Arktis
jagt er im Sturmwind daher –
BRIEGLEB[9], der Ritter vom *KLAUSBERG*[10],
geprüft in den Lagern Britanniens,
Mitglied der führenden Kammer,
im *MEYERGEHÖFT* an der Leine[11].
Einstmals auf Velociped,
jetzt Favorit auf LAMBRETTA,
kommt er (verspätet zumeist,
doch immerhin pünktlich c.t.)
zweimal die Woche ins Tal,
Relationstheorien zu verzapfen.
Seht nur, wie fahl sein Gesicht!
Die Strahlen der Mitternachtssonne
haben es kläglich versäumt,
ihm die aschgrauen Wangen zu röten.
Lange kann's nicht mehr so geh'n,
er verzehrt sich im Dienst der Justitia.
Rastlos fliegt übers Papier
seine Hand in nervöser Bewegung –
staunend erblickt's der Betroff'ne:
In einem Schriftbild vereint
Langschrift und Kurzschrift zugleich –
Phänomen in der Graphologie.
Gebe uns Gott den Verstand,
seine Hieroglyphen zu deuten!

---

[9] *DR. BRIEGLEB*, Landgerichtsrat, Spätheimkehrer aus britischer Gefangenschaft, Leiter der Referendar-Arbeitsgemeinschaft am Landgericht *GÖTTINGEN*

[10] *KLAUSBERG = NIKOLAUSBERG* (nördlicher Vorort von *GÖTTINGEN*)

[11] Landgericht *GÖTTINGEN* (so genannt nach seinem damaligen Präsidenten *MEYERHOFF*)

Staatsanwalt mit Sonderauftrag

Von jeher leistet Präzisions-
Arbeit der Staatsanwalt *GERD MOHNS*,
weshalb – da hat er den Salat –
man ihm zum Lob der guten Tat
ein heikles Sonderdezernat[12]
zusätzlich übertragen hat:
Seit Jahr und Tag, dass Gott erbarme,
schlägt sich heroisch schon der Arme,
verbissen ohne viel Gebrumm
mit Sittenstrolchen arg herum
und liest im Kampf um gute Sitten
unzücht'gem Volke die Leviten.
Nachdem er's lang betrieben hat,
hat dies Geschäft er gründlich satt
und bittet täglich, bittet stündlich,
beantragt schriftlich wie auch mündlich,
man möge endlich sich bequemen,
dies Dezernat ihm abzunehmen.

Kein Grund, *MOHNS*! Gib Dir keine Blöße!
Im Leiden erst liegt wahre Größe,
und erst nach Qual und Überwindung
kommt regelmäßig die Entbindung!

---

[12] Dezernat zur Bekämpfung unzüchtiger(!) Schriften

Weihnachtsmann trifft Vizepräsident *ERDSIEK*

Wo ist er denn, den jeder kennt –
der Vizeprüfungspräsident?
Aha, da sitzt er – komm mal her!
Erzähl uns mal so kreuz und quer:
Wie war das denn vor dreißig Jahren,
als Dir die Wonne widerfahren,
(vielleicht ist das zuviel gesagt,
drum sag ich kurz:) als Du's gewagt,
trotz Meidung sämtlicher Kollegs
Dich sozusagen geradewegs
einer erlauchten Kommission
nach knapp 1 ½ Jahren schon
zwecks Eignungsprüfung vorzustellen?
Sag, ward in solchen Sonderfällen
nur aufs Verständnis hin geprüft?
Hast Du Dein Wissen auch vertieft?
Und wie ist heut' die Celler Sitte?
Steh uns hier Red' und Antwort, bitte.
Genügt es (denn so geht die Sage),
den *FORSTHOFF* [13] vor dem Prüfungstage
diagonal zu überfliegen,
um im Examen *ERD-ZU-SIEGEN*?
Und reicht es aus, am Prüfungsmorgen
sich kurz das Grundgesetz zu borgen?
Lernt Kommunalrecht eins-zwei-drei
ausreichend man so nebenbei?

Hör zu, mein lieber Präsident:
Du weißt, dass Dich hier jeder kennt –
Ich fand beim Personalien-Sichten
den Randvermerk „*ERDSIEK* kann dichten".

---

[13] *FORSTHOFF* = Lehrbuch des Verwaltungsrechts

Ich geb' Dir zehn Minuten Zeit
(ich sage zehn, dann ist's so weit!)
Dann gibst Du auf die obigen Fragen,
die alle Referendare plagen,
in Versform bündig Antwort. – Aus! –
Du kriegst den Bart des Nikolaus
als Vorschuss-Lorbeer. Nun bewähre
Dich flugs und mach dem Barte Ehre.
Sofern ich brauchbar Antwort krieg',
heißt Du für heute „*HIMMEL-SIEK*"!

VALBORG und BERND[14]

(STATT EINER HOCHZEITSANSPRACHE)
HOISBÜTTEL SOMMER 1970

Ei, wer hätte das gegloobt?
Zwei, die lange schon verlobt,
diesen beiden gilt der Sang.
Keine Angst, er wird nicht lang.

VALBORG, blondes Mägdelein,
fiel auf **SASSE**s **BERND** herein.
Wollt Ihr wissen, wie's geschah?
Schuld dran war das DRK.

Wer die Braut als Kind gekannt,
weiß, dass „Wawa" sie genannt.
Keck mit Latz und Lederhos'
saß sie oft auf Opas Schoß.

Eins, zwei, drei – im Sauseschritt
läuft die Zeit, wir laufen mit:
Ehe man es sich versah,
flog sie nach *AMERIKA*.

Als sie dann nach Jahresfrist
wieder mal in *HAMBURG* ist,
mittlerweile leidlich groß,
pfiffig, fett und tadellos,

denkt der Vater: „Gott, was seh' ich?!
Die Madam ist heiratsfähig!"
Doch was ist das Leben stur –
erst mal kam das Abitur.

Damit kommen wir schon hart
an den Rand der Gegenwart.
Volle Reife – hu, hu, hu –
wuchs ihr erst an der *LOTTBEK* zu.

---

[14] Das Paar ist mittlerweile (2010) 40 Jahre verheiratet und hat zwei Kinder sowie zwei Enkelkinder.

Still und heimlich naht sich dann
VALBORG ein brünetter Mann,
Sohn (wer hätte das geglaubt?)
von des Ortes Oberhaupt.

Bald hat sich's herausgestellt,
dass der **BERND** auch ihr gefällt;
beide waren so berauscht,
dass zwei Ringe sie getauscht.

Jetzt nach langem Brautstandstest
machen sie die Sache fest.
Dem Chronisten bleibt nur noch:
BERND und **VALBORG** – dreimal hoch!

Silberhochzeit

(EINTRAG IN EIN GÄSTEBUCH)
BAD HARZBURG 1975

Zwar
Was dem Stier das rote Tuch,
ist für den Gast das Gästebuch.

Jedoch
Man soll – das Auge feucht,
das Herz nostalgisch aufgeweicht –
im Angesicht von Jubelpaaren
nach 25 Ehejahren
den Abscheu kraftvoll überwinden
und freudig ein paar Zeilen schinden.

Nun denn
Die Jahre hin, die Jahre her,
mal hat man's leicht, mal hat man's schwer.
Bei näh'rem Hinsehn: Auf der Suche
nach dem Ergebnis schlägt zu Buche
nur was gewonnen – schlicht: das Plus,
wobei man stets bedenken muss,
dass oft, was einst ein Minus schien,
sich darstellt als Bilanzgewinn.
Frau **URSEL**: offenbar gesundet,
die Sippe: prachtvoll abgerundet
mit Schwiegersohn und Enkelkind,
das **TILDCHEN** noch getauft geschwind,
der Vater **RICHARD** überblickt
die Liegenschaften, die geschickt
die Silberbraut betreut, erneuert,
wozu er selber beigesteuert
Geduld und Technik (und so weiter).
Er resümiert gelassen – heiter
und milde lächelnd wie gewohnt:
Das Unternehmen hat gelohnt!

So wünschen wir dem Jubelpaare
noch viele ungetrübte Jahre,
und danken herzlich für, was man
für Geld nun mal nicht kaufen kann.[15]

---

[15] damals: 30 Jahre ungetrübter Freundschaft

BÄRBEL und RUDI [16]

(STATT EINER HOCHZEITSANSPRACHE)
HOISBÜTTEL AUGUST 1975

Liebe Familien,
liebe und verehrte Gäste,
mein sehr liebes, junges Paar!

Dies wird keine eigentliche Traurede.
Anstelle einer solchen hören Sie heiter-besinnliche Verse.
(zu *RUDI:*) Zwei Dutzend Jahre bist Du jung;
ich bitte um Entschuldigung -

In *HAMBURG-WANDSBEK* ist's gescheh'n
im Wonnemonat Mai,
dass *RUDOLF BÄRBEL* hat geseh'n.
So trafen sich die zwei:

Der *RUDI* lernte scherbeln
Im Tanzlehrinstitut bei Herde;
Er wandte sich an *BÄRBELN*,
auf dass ein Paar draus werde.

Die *BÄRBEL*, jung an Jahren,
ansonsten „comme il faut",
der *RUDI* unerfahren
im Minnedienst und so –

na ja, mit Tanzen war es
bei beiden nicht weit her,
doch noch vor Schluss des Jahres
da waren sie und er –

die *BÄRBEL* und der Leutnant,
der bald mit Blumenstrauß
zum Hausbesuch bereit stand
im heut'gen Hochzeitshaus –

---

[16] Sind mittlerweile 35 Jahre verheiratet (2010); sie haben zwei Töchter und zwei Enkelkinder.

ein munt'res Pärchen offenbar,
das auch bei läng'rer Trennung
auffallend unzertrennlich war.
Ich glaube, die Benennung

des Zustands zu erraten,
ist nicht besonders schwer:
Nach Liebe roch der Braten –
mal weniger, mal mehr.

Den älteren Semestern
ist solches ja geläufig.
Man weiß nicht erst seit gestern,
dass Liebesleiden häufig.

Wenn's kritisch wird – oh Schande! –
und atmosphärisch Tiefstand,
dann sind die zarten Bande
bekanntlich auf dem Prüfstand.

Der **RUDOLF** hat die Höhen
genau so wie die Tiefen
bei **BARBARA** gesehen
und hat darauf gepfiffen,

sich wegen kleiner Mängel
von **BÄRBEL** zu entfernen.
Kein Mädchen ist ein Engel –
das Glück steht in den Sternen.

Die **BÄRBEL** hat's nicht abgeschreckt,
wiewohl sie's klar erkannt,
dass Leutnant **RUDOLF** so perfekt.
Sie steckt den Kopf nicht in den Sand.

Sie sieht, was sie an **RUDI** hat,
und geht mit ihm durch dick und dünn –
das macht für beide alles glatt
und gibt der Zweisamkeit den Sinn.

Der Jungfamilie ernstem Streben
die heit're Note zu verleih'n,
gediegnen Pfeffer beizugeben,
soll **BÄRBEL** stete Wonne sein.

Der Bräutigam - was soll ich sagen?
als just der Brautstand eingeläutet,
hab' ich gesagt, ich könnt' nicht klagen,
was – da es ehrlich – viel bedeutet.

Ihr beide – *RUDI, BARBARA* –
Ihr müsst nun selbst das Feld bestellen,
das vor Euch liegt. Man hilft Euch zwar,
doch in den allermeisten Fällen

kommt es nun auf Euch selber an;
und wenn Ihr zieht am gleichen Strang
(am gleichen Ende! Denkt daran!) ,
dann geht es gut ein Leben lang.

Ich bin am Schluss. Es bleibt mir noch,
das Glas mit allen zu erheben:
RUDI und *BÄRBEL* – dreimal hoch!
Auf Glück, Gesundheit, langes Leben!

Aus der Hamburger Dienstzeit

HAMBURG 1956 – 1984

GIESELA (noch) *HUSEMANN* zum 24. Geburtstag

HAMBURG 1957

Zwei Dutzend Jahre bist Du jung,
- ich bitte um Entschuldigung,
doch heute darf man's wohl mal wagen
statt „Sie" vertraulich „Du" zu sagen.
Denn, mit Verlaub, *OTTILI – E*,
gehörst Du zur Famili – e
3 A[17] nun bald zwei Jahre schon,
das wirkt halt auf den Umgangston.
Und schließlich sprech' ich ja im Namen
Der Herrn und der geschätzten Damen,
die heute ums Geburtstagskind
aus gutem Grund versammelt sind.

Vor kurzem noch ein halbes Kind –
Ach, Kinder, wie die Zeit verrinnt!
Schon rauscht des Hochzeitskleides Saum:
Du wirst Madam, man glaubt es kaum.
Doch hoffen wir trotzdem indes,
dass *GIESELA* auch als Frau *NEß*
in dieser treuelosen Welt
3A noch lang die Treue hält.

Und nun, *OTTILIE GIESELA*
komm gut ins erste Ehejahr.
wir wünschen, was auf dieser Welt
Dir lieb ist: Glück, Gesundheit, Geld
und was man sonst noch wünschen kann.
Hoch *GIESELA* (noch: *HUSEMANN*)!

---

[17] Familie 3A = (s.Zt.) Bezirksrechtsamt *HAMBURG-BERGEDORF*

GRETI unser bestes Stück

(ZUM ABSCHIED DER MITARBEITERIN GRETI BRESSLER AM 31. MÄRZ 1976)

Liebe *GRETI*! Liebe Leute!
Was aus diesem Anlass heute
meinerseits hier vorzutragen –
lasst es mich in Versform sagen.

Die *GRETI* geht – verdammter Mist!
Ich weiß, so spricht man nicht als Christ.
Doch sagt: Passieren solche Sachen –
was soll'n die Hinterblieb'nen machen?!
Was mich betrifft, hat (wie Ihr wisst)
die Muse wieder mal geküsst.
Es war ein zärtliches Erlebnis.
Wohlan denn: Höret das Ergebnis.
Erst kurz gefasst, als Übersicht,
ausführlich dann das Hauptgericht;
als Nachtisch, aber nur auf Wunsch,
sechs Zeilen Platt als Abschiedspunsch.

Übersicht (zugleich Zusammenfassung):
Die *BRESSLER-GRETI* wirft das Tuch.
Aus! Nutzlos jeder Stopp-Versuch.
Was hatten wir doch bloß für Glück
mit *GRETI*, unserm besten Stück.
Hab Dank! Bleib fit und lebensfroh –
dies wünscht – und Tschüß sagt - ganz „WO" [18].

---

[18] WO : Abteilung Wirtschaftordnung in der seinerzeitigen Hamburger Behörde für Wirtschaft und Verkehr

Hauptgericht:
Bei „WO"
Von Mund zu Munde
ging im Herbst die Schreckenskunde,
GRETI BRESSLER plane schon
ihre Kapitulation,
ehe von Gesetzes wegen
sie dazu gezwungen. Gegen
ihre düst'ren Pläne wandt sich
gramvoll „WO 25".

Mancher fragte, was nun werde
aus Kartell- und Preisbehörde –
unnütz jeder Stopp-Versuch.
GRETI BRESSLER **wirft das Tuch!**
Unerbittlich, knochenhart
blieb die *GRETI HILDEGARD*
ohne Rücksicht auf Verluste –
dass uns das passieren musste!

Ach, wie war es doch vordem
mit Frau *BRESSLER* so bequem!
Erstens war sie stets vorhanden,
während andere verschwanden.
Zweitens – welches äußerst wichtig –
schrieb sie nicht nur alles richtig,
sondern stets auch mit Verstand.
Ob Maschine, ob von Hand
früh am Morgen, abends spät
lieferte sie Qualität
meistens ohne rückzufragen,
ohne Murren, ohne Klagen
(selbst was im Diktat verwässert,
hat die *GRETI* nachgebessert).
Drittens sag ich ohne Scherz:
Was sie tat, tat sie mit Herz,
ruhig, zügig, konsequent.
Drum sagt jeder, der sie kennt:
„Gott, was hatten wir doch Glück,
GRETI **- unser bestes Stück!"**

Weil sich dieses in der Tat
lang herumgesprochen hat,
war die permanente Sorge,
irgendjemand Fremdes borge
sich Frau **BRESSLER** „kurz mal aus",
denn im Zweifel wurde draus
ein Diktat von läng'rer Dauer.
Darob wied'rum wurde sauer
„WO 25", dem
Wettbewerb stets unbequem,
falls davon betroffen ward
seine **GRETI HILDEGARD**,
die – obgleich schon fast „betagt" –
rundherum noch stark gefragt.

Nun, sie hat – man sieht es hier –
trotz Register und Papier,
trotz Familie plus Beruf,
trotz des „immer feste druff",
Stress und Mühsal überstanden.
Alle Freunde und Bekannten,
Vorgesetzten und Kollegen,
die sich abschiedshalber regen,
wünschen Glück und wunderbare
ungetrübte Rentnerjahre
und – dies sei hier nicht verschwiegen,
wie die Dinge nun mal liegen –
auch die Kraft, die Hilfsbegehren
der Verwandtschaft abzuwehren,
falls (und solches hat man stetig)
Unterstützung gar nicht nötig.
Manchen gab's im Ruhestand,
welcher keine Ruhe fand,
weil er – jedem offenbar –
jetzt erst voll verfügbar war.

Zeit zum Abschied, welcher schmerzlich;
sei bedankt und zwar recht herzlich,
nimm, was wir Dir überreichen,
als verdient, doch auch als Zeichen
menschlicher Verbundenheit.
Tschüs denn, **GRETI** – s'ist so weit,
bleib gesund und lebensfroh –
dies der Wunsch von ganz „WO".

Nachtisch:
GRETI!
Dat Du nu geihst, dat finn ick schlecht.
Hest Du Di dat ok överlecht?
Wat sechst Du? Dine Tied is rum?!
Du wüllst nu gor nich wedder kumm?!
In mien Kopp geiht dat noch nich rin –
ick sech: Dat kann ja woll nich sinn!
Tschüß, ***GRETI*** – kiek mol wedder in!

Namen . . .

HANS-JOACHIM HÄDICKE *ZUM 57.GEBURTSTAG AM 13.11.1977*

Längst hat sich's herumgesprochen:
Siebenundfünfzig wird der *JOCHEN*,
der ob dieses Namens grollte,
weil er *PETER* heißen wollte.
Höchste Zeit, dass endlich man
selber mitbestimmen kann,
ob als Mädchen oder Knabe
man herumzulaufen habe
und (was fast genauso wichtig),
ob der Name gut und richtig,
unter dem man nach Belieben
angerufen, angeschrieben,
der auf tausend Formularen
noch nach siebenundfünfzig Jahren
einem anhängt, so man nicht
mannhaft mit dem Namen bricht.
Allerdings ist dabei wichtig:
Solches ist gebührenpflichtig.
And'rerseits weiß jeder auch:
Namen – die sind Schall und Rauch!
Drum, was soll's?! Der Jubilar
ist – als *HANS-JOACHIM* zwar –
schließlich nie so gut gefahren
wie mit siebenundfünfzig Jahren:
Von des Lebens schönen Dingen
hat ein Ding aus Sindelfingen
nach weiß Gott schon schlecht'ren Tagen
ihn in seinen Bann geschlagen.
Dafür (ließen wir uns sagen)
will er gern die Kosten tragen.
Heut' zu seinem Wiegenfeste
wünschen ihm das Allerbeste
- Glück speziell auf allen Wegen –
Kolleginnen und Kollegen.

Gratulation zum 52.Geburtstag von *MAX SCHULTHEISS*

Am 10.8.25 –
vor viermal dreizehn Jahren – fand sich
MAX SCHULTHEISS, kaum geboren eben,
im Ansturm auf, was man das Leben
zu nennen pflegt. Doch welche Hürden
den kleinen *MAX* erwarten würden,
das war – wie sollt' es anders geh'n? –
in keiner Weise abzuseh'n.
Noch niemand konnte damals ahnen,
in welchen Ebenen und Bahnen
sein Schicksal sich gestalten würde.
Doch bald war klar: jedwede Hürde
nahm *MAX* mit Schwung und Vehemenz,
gestärkt durch Fleiß und – Abstinenz.
Als Knabe, Jüngling, wie als Mann
hat *MÄXCHEN* sich bewährt alsdann:
Egal ob Leitung von Geschäften,
Verschleiß von Überwachungskräften,
Verwaltungsarbeit, Bienenzüchtung,
Betriebsausflug in jede Richtung,
ob Skilauf, Kupferhof[19], Bekämpfung
von Katastrophen, Kostendämpfung –
kurz: wo man hinsah, überall
war *MÄXCHEN SCHUTHEISS* flugs am Ball.
Doch heute – dieses war noch offen –
hat er sich selber übertroffen,
hat – Kinder, wie die Zeit vergeht! –
selbst die Geburtszahl umgedreht,
so dass, wer hinzuseh'n beliebt,
sogleich erkennt, dass sich ergibt
statt zwo-fünf: fünf-zwo, und mithin
bekommt die Sache ihren Sinn.
Das Zweiundfünfzigste vollendet
hat *MAX* just heut' (Gedicht beendet)!
Nur alle guten Wünsche noch:
Hoch soll er leben – drei mal hoch!

---

[19] damals die *HAMBURGER* Verwaltungsschule

Trost für ein Opfer der Umorganisation

ZUM SO-UND-SO-VIELTEN GEBURTSTAG DER ANGESTELLTEN
HILDEGARD BORBE, *1977*

Oh, dies Jahr war wirklich hart
Für die braune **HILDEGARD**:
Ehe sie noch frisch gebettet,
hat der Facharzt sie gerettet,
ihr das Händchen operiert,
welches noch die Narbe ziert!
Gütigen Geschickes Walten
hat uns **HILDEGARD** erhalten –
doch mit des Geschickes Mächten
ist kein ew'ger Bund zu flechten
(sagt schon *SCHILLER*): Kommandiert,
nolens volens abserviert
(alle sind bereits im Bilde)
wird in Kürze **BORBEs HILDE**
in den Schreibsaal. Abschiedsschmerz
quält gewiss ein Frauenherz.
Doch wer weiß!? Bisweilen tut
auch ein Wechsel äußerst gut.
HILDE wird sich eingewöhnen,
mag sich auch ein stilles Sehnen
nach der Gruppe „WO zwo"
fühlbar machen (oder so) –
langer Rede kurzer Sinn:
Kopf hoch! Kiek mol wedder in!

Die verflixte 13

GRATULATION ZUR VOLLENDUNG DES 39. LEBENSJAHRES VON
WOLFGANG HARTMANN
HAMBURG 1. FEBRUAR 1977

Die 13 ist, wie hierzuland'
seit langem jedermann bekannt,
als Zahl suspekt schon generell.
Angeblich gilt dies ganz speziell,
sobald die Prim- und Unglückszahl,
sei es durch Zufall, sei's normal
mit einem Freitag sich verbindet
(mir scheint die Skepsis unbegründet).
Wenn man's genau besieht, verband sich
mit zwo mal 13 - „26"
bisher – so werden wir genarrt! –
kein Argwohn irgendwelcher Art.
Bei dreimal 13 - „39"
wird's wieder kritisch (so viel weiß ich),
weil diese Zahl – oh, welche List! –
fast nur durch 13 teilbar ist.
Doch ist bei objektiver Sicht
die Sache so gefährlich nicht,
hat **WÖLFCHEN** doch in wen'gen Stunden
die Neununddreißig überwunden,
wenngleich er noch ein ganzes Jahr
als Alter nennt (qua Formular)
stets neununddreißig – und vergisst,
dass er im Vierzigsten schon ist.

Ob 39 oder 40 –
egal! Bleib er gesund, dann wird sich
der Rest von selber schon ergeben.

Glück auf, Gesundheit, langes Leben!

Der *EISERNE GUSTAV*: Die Sache mit dem Saab

GLOSSE
1979

Der *EISERNE GUSTAV* – so möchte man sagen –
beschämt uns, betrachtet man nur seinen Wagen:
Nach sorgfält'ger Prüfung landauf und landab
entschied sich bekanntlich der *GUSTAV* für **Saab**,
dies Wunderwerk schwedischer Technologie.
Es lebe King *GUSTAV*! – Doch als ein Genie
den **Turbo-Saab** schuf, diesen Traum aller Träume,
da zeigte sich deutlich: Auch *GUSTAVs* Bäume,
obwohl gut gedüngt, wachsen nicht in den Himmel.
denn dieser verflixte **Saab-Turbo-Schimmel**
ist, wie sich herausstellte, kurzfristig zwar,
doch normgetrieben[20] nur lieferbar.
So blieb dem *GUSTAV*, welcher fiebrig
auf Turbo-Saab am Ende nur übrig,
um diesen Schlag zu überwinden,
sich bis auf weit'res abzufinden
als glühender Fan für Schwedenrasse
mit **Super-Saab, 2-Liter-Klasse**.
Wer klug ist, fügt sich schließlich leidlich
in Dinge, welche unvermeidlich!

---

[20] nicht mit Automatik

MARION MENDE zum so-und-so-vielten Geburtstag

HAMBURG 1980

Die Angestellte *MARION MENDE*,
ist ganz gewiss noch nicht am Ende
(ein Narr nur könnte dies bestreiten)
der ungeahnten Möglichkeiten,
die heute plietschen jungen Damen,
sofern sie strebsam sind, im Rahmen
der vielen Ämter und Behörden
tagaus, tagein geboten werden.
Schon hat sie, ohne sich zu schonen,
schier ungezählte Emissionen
vermarktet, Akten abgelichtet,
viel Überflüssiges vernichtet –
und manchmal hat sie Grund zu schelten
und tut's nicht (oder doch nur selten);
denn von Natur aus ungern rächt sich
„WO zwohunderteinundsechzig",
dieweil sie sonnig von Gemüt –
weshalb es uns zu *MARION* zieht.

Der Wunsch der Gruppe „WO zwo":
Bleib schön gesund und lebensfroh
und uns noch lange Zeit erhalten
als Unterstützung beim Verwalten!

Einführung eines neuen Mitarbeiters

JOCHEN MENZEL ZU SEINEM 31. GEBURTSTAG

Die Kartelle zu bekämpfen
und den Preisauftrieb zu dämpfen,
ist vor nunmehr fast vier Wochen
JOCHEN MENZEL aufgebrochen.
Höchste Zeit! Denn voller Tücke
ließ man unbesetzt die Lücke,
die im letzten Jahr entstanden
(was Betroffene schnöde fanden).
MENZELs JOCHEN muss sich tummeln,
halbwegs das zurecht zu fummeln,
was ihm von der Sache her
fremd zu meist noch. Um so mehr
sollen drum bei seinen Werken
additive Pferdestärken
(in Gestalt von Bücherstützen)
Kraft ihm geben, stets ihn schützen
vor dem Ansturm von Beschwerden
jeder Art: Mit seinen Pferden
mög' er - darauf hoch die Tassen –
nie sich unterkriegen lassen!

Fortsetzung: Ein Jahr später . . .

DR. JOCHEN MENZEL – 32 JAHRE

Eins, zwei, drei – im Sauseschritt
Läuft die Zeit, „WO" läuft mit,
ganz besonders „21":
Just vor Jahresfrist befand sich
JOCHEN MENZEL auf der Schwelle
noch zu *„Preise und Kartelle"*;
damals war der „dernier cri"
MENZELs Holz-Kavallerie –
Vorschusslorbeer sozusagen.
Toll, was er seit jenen Tagen
abgespult bei „WO 2":
Stromtarife, BTO
(Frustration bei HEW,
Stunk, etc. pp.),
KDG und Eiltransporte,
Arbeitstagung (jede Sorte),
HVV und Schutenring
(letzt'res war ein dickes Ding);
nebenbei (im Gange schon,
als er kam): die *Promotion*
dann – qua eh'licher Verbindung –
zack, zack: *Großfamilien-Gründung*!
Vater werden ist nicht schwer,
Vater sein dagegen sehr – .
Dass dies Wilhelm-Busch-Zitat
seine tiefe Wahrheit hat,
dürfte dämmern *MENZELs JOCHEN*
nunmehr schon seit ein'gen Wochen…
Falls er dachte, 's kann nicht wahr sein,
müsst ihm mittlerweile klar sein,
dass er mathematisch schlicht
(ob er wolle oder nicht)
bis auf weit'res jederzeit
deutlich in der Minderheit.
Mancher weiß von derlei Dingen
denn ja auch ein Lied zu singen.

Nützlich ist in solcher Lage
geist'ger Zuspruch. Zwar bei Tage
ist man ledig aller Sorgen,
da BWVL-geborgen.
Aber wehe in der Nacht,
wenn die Tochter Terror macht!
Teuer ist dann in der Tat
(falls von Ärzten) guter Rat.
Doch wer weiß, wohin man käme,
säh' man überall Probleme.
Schon ist **MENZEL** neu gekräftigt,
ständig viel bis voll beschäftigt
und, wenn näher man's besieht,
sichtlich pausenlos bemüht,
seine Basis zu verbreitern,
den Gesichtskreis zu erweitern
nicht nur in Bezug auf Preise,
nein, global in jeder Weise:
Er bewährt sich mehr und mehr
als *Kartellrechtsfeuerwehr*!

Geist'ger Zuspruch – zu empfehlen
ist da stets, ein Buch zu wählen.
Diesbezüglich wied'rum gilt:
Wähle sorgsam und gezielt
dergestalt, dass von der Gabe
der Bedachte etwas habe.
Schnell beendet war die Qual:
Auf ein Handbuch fiel die Wahl,
hilfreich, um an Vaterlasten
sich gezielt heranzutasten:
So hat Schriftgut seinen Sinn!

Beste Wünsche weiterhin
heut' zum 11. Februar
und fürs nächste Lebensjahr!

Verabschiedung von **DR. HÜBNER**[21], dem Börsendichter

HAMBURG 3. JULI 1980

Ein auserwählter Hochgenuss
ist – wie man weiß – der Musenkuss.
Er ist ein herrliches Erlebnis,
wie **DR. H.** in langen Jahren
der Mühsal an sich selbst erfahren:
Berauschend war stets das Ergebnis.
Denn eines steht ganz außer Frage:
Die Muse hat an manchem Tage
(wie vielfach nachzuweisen ist)
mit Nachdruck diesen Mann geküsst,
wobei ihm solches widerfuhr
im Dienst bei Tageslicht nicht nur,
auch spät am Abend und bei Nacht
hat sie ein Feuer ihm entfacht,
so dass per Saldo und am Schluss
man nüchtern konstatieren muss:

Wiewohl sonst standhaft und verwegen,
gewitzt und wendig in der Tat,
war er der Muse stets erlegen,
so oft sich diese ihm genaht.

Wie wohl ist dem, der dann und wann
sich etwas Schönes dichten kann
(sagt *WILHELM BUSCH*). Der Doktor kann es
im Stile des gestandenen Mannes,
der, da er alles hinter sich
und dem entsprechend tugendlich,
sich allen Falles lässt verführen
zum Mehrerwerb von Wertpapieren
an unserer Hanseaten-Börse.
Genug! Es sind schon 30 Verse!
Gepriesen sei nochmals am Schlusse
die ewig junge, heit're Muse!

---

[21] Langjähriges Mitglied im Vorstand der Hanseatischen Wertpapierbörse

Jahrgang 1924: *WALTER BJÖRNSKOW*

*ZUM 40-JÄHRIGEN DIENSTJUBILÄUM
AM 1. APRIL 1981*

Dies Papier ist – so wahr mir Gott helfe –
beileibe kein bill'ger Aprilscherz!
Ganz im Gegenteil: bitterer Ernst.

Auf den Tag vor viermal zehn Jahren
    - so simpel, für jeden vollziehbar,
    ist dies Mal die Dienstzeitberechnung,
    belegt durch diverse Papiere –
begann seine Laufbahn im Dienste
    der Freien und Hansestadt Hamburg
    nach Vollendung des 17.Jahres
    seit dem 15. März '24.
Wer ahnte damalen, wie dehnbar
    (und zwar zeitlich, begrifflich und räumlich)
    Polizeidienst in Hamburg im Kriege.
    Doch beginnen wir logisch am Anfang:
Im Jahre des Heils vierundzwanzig
    erblickte das flackernde Licht
    dieser Welt *WALTER BJÖRNSKOW*, der Kleine
    ohne Arg, was das Schicksal im Köcher
    ihm an spitzigen Pfeilen bereithielt.
    Gerad' wollte Deutschland beginnen,
    nach Krieg und totaler Entwertung
    des Geldes sich wieder zu rappeln,
    da ging es rasant wieder abwärts:
    Noch ehe Klein-*WALTER* die Schule
    besuchte, begann es zu kriseln,
    großer Bankkrach im Herbst '29.
    Kanzler *BRÜNING* und *PAPEN* und *SCHLEICHER*,
    und ehe Klein-*WALTER* neun Jahre,
    kam das Ende der Weimarer Zeit
    und die Machtergreifung durch *HITLER*
    und der Schrei „Gebt mir vier Jahre Zeit!"

WALTER BJÖRNSKOW begann zu marschieren.
Ich bin sicher, die dreißiger Jahre
sind ihm nachhaltig noch im Gedächtnis:
Als er – ein Knäblein von 15 –
seine Schulbank ächzend noch drückte,
fiel der „Parteitag des Friedens"
im Kanonendonner ins Wasser.
Dann – gleich nach Abschluss der Schule -
im zweiten Frühjahr des Krieges
wurd' es ernst: Polizeidienst in Hamburg
und Kriegsdienst bis Mai '45.
Doch der Kriegsdienst markiert erst die Hälfte
seiner achtjährigen Dienstzeit. Bedenket:
WALTER BJÖRNSKOW gehört zu den vielen,
die nach Schweigen der Waffen nicht heimwärts,
sondern quer durch die Heimat marschierten,
um als „Gastarbeiter" zu wirken:
Prisonnier im benachbarten Frankreich
für fast noch vier weitere Jahre
(und schon damals vielseitig verwendbar!)
Grad' war ein Vierteljahrhundert
seit dem ersten Lichtblick vergangen
da beginnt ohne schuldhaftes Zögern
WALTER BJÖRNSKOW den Dienst in Zivil.
Konsequent in gehörigem Tempo
als Regierungsinspektor-Anwärter
stürmt er vorwärts: Im Herbst '51
wird geheiratet. Ein Jahr darauf
kommt der Nachwuchs – Sohn *WOLFGANG* (der erste),
dessen Vater inzwischen Inspektor
ap[22] im Gewerbeamt Hamburg.
Ein Jahr später, im Herbst '53,
ist er wohl-installierter Beamter.
Nach Bewährung in einem Bezirksamt,
als zwei Drittel des bisherigen Daseins
des Herrn *BJÖRNSKOW* eben verstrichen,
der Inspektor entsprechend gereift,
wird versetzt er zum Amte für Wirtschaft
in der ruhmreichen BWV(L)
und geht dort augenscheinlich vor Anker.

---

[22] ap = außerplanmäßig

Mit Sohn *TORSTEN* (dem zweiten) wird nunmehr
die <u>Familie</u> endgültig <u>komplett</u>.
Es beginnt in vertrauter Umgebung
in der Hochhausbaracke am Steinweg
jene Phase erfolgreichen Wirkens,
deren Glanzpunkt wir heute erleben.

Prosit **WALTER** zum 1. April
und **Glückauf für die kommenden Jahre!**

WALTER BJÖRNSKOW - ein Jahr danach

HAMBURG 15. MÄRZ 1982

WALTER BJÖRNSKOW ist schon wieder
ein Jahr älter –
Kommt, ihr Brüder,
gratuliert dem Jubilaren,
der mit **58 Jahren**
ein gerüttelt' Maß von Sorgen
mit sich rumschleppt

Wie wird's morgen?

Fragt man sich als reif'rer Mann
und erinnert sich alsdann:
Pausenlos scheint keine Sonne.
Dass das Leben nicht nur Wonne,
wussten auch die Alten schon –
doch sie wussten auch davon,
dass es gut sei, man erführe
durch geeignete Lektüre
von des Lebens Sonnenseiten –
mehr will ich hier nicht verbreiten
über beigefügtes Buch,
das gedacht ist als Versuch,
trübe Stunden aufzuheitern –
und die Bildung zu erweitern.
Also: Recht viel Spaß dabei
Und Gesundheit! **Toi! Toi! Toi!**

Börsensyndikus *DR. DEGNER* zum 60. Geburtstag

HAMBURG, 15. APRIL 1981

Wie man's auch dreh'n und wenden mag,
dies ist ein ganz besond'rer Tag:

Das Sechzigste hat er gewonnen –
Respekt! Das heut'ge Arrangement
in diesem schmucken Restaurant
beweist, dass man ihm wohlgesonnen.

Versiert, flexibel, stets adrett
und ohne Scheu vor heißen Eisen
bewegt er sich in Börsenkreisen
auf häufig schlüpfrigem Parkett
seit mehr als fünfundzwanzig Jahren.
Er ist im Wortsinn welterfahren:
Probleme der F.I.B.V.[23],
die – was ja schon der Name sagt –
zumeist in fernen Ländern tagt,
durchschaut er nämlich sehr genau.

Dass *DEGNER* neben Börsenwissen
bemerkenswert kulturbeflissen
ist keineswegs geheim geblieben.
Stets hat den Doktor umgetrieben
der Zauber der Musik nicht nur,
auch Schauspielkunst und Lit'ratur,
welch letz'res den Chronisten drängte,
dass er ihm Adäquates schenkte:
Gesproch'nes Wort[24], in schwarze Rillen
gepresst, soll den Kulturdurst stillen[25].

---

[23] Fédération Internationale des Bourses de Valeur (Internationale Vereinigung der Wertpapier-Börsen)
[24] *ARTHUR SCHNITZLER* „Fräulein Else", gelesen von *ELISABETH BERGNER*
[25] „*ELISABETH BERGNER* gehört zu den holdesten Betörerinnen, die die deutsche Bühne je hatte."
(*FRIEDRICH LUFT*)

Ansprache zum 40-jährigen Dienstjubiläum

(FREI NACH OSWALD REIßERT „ZWECKLOSES DASEIN")
ZUM 11.11. ELF UHR ELF IM JAHRE DES HEILS 1982

NOVEMBER – man besieht den Schaden:
Es sind tatsächlich vier Dekaden!
Eins macht mir schon seit langem Qual:
Ich bin so pöbelhaft normal.
Es fällt in meinem Lebenslauf
kein dunkler Punkt bedenklich auf,
ich stand noch niemals vor Gericht,
und Schulden vollends hab ich nicht.
Was Dummes ich gemacht, das reichte
kaum aus zu einer Lebensbeichte.
Noch keinem hab' ich je erzählt,
ich hätte den Beruf verfehlt,
wiewohl nach Dienstschluss und Belieben
ich manches nebenbei betrieben –
das will ich keineswegs bestreiten.
Es gibt ja so viel Möglichkeiten.
Zum Beispiel drückt es aufs Gemüt,
wenn man der Muse sich entzieht,
die den Chronisten häufig küsste –
Oh weh! Wenn das der Dienstherr wüsste!
Noch andre Hobbys zu beschreiben
führt hier zu weit. Drum lass ich's bleiben.

Ich fand, wie ich beschämt gestehe,
ein volles Glück in meiner Ehe
mit einem Vierteldutzend Kindern
(kein Anlass, solches zu verhindern!),
sah keinen Grund zum Seitensprung
und fühle mich noch leidlich jung.

Ich bin kein Opfer des Milieus,
bin auch nicht sonderlich nervös,
nicht dekadent, kaum problematisch,
nicht neuro- und nicht psychopathisch.

Wer mich erlebt hat, weiß Bescheid:
Ich bin kein Kind von Traurigkeit,
bestimmt kein Melancholiker
und auch kein Alkoholiker,
kein Doktor braucht mir Kokain,
Haschisch und Morphium zu entzieh'n,
und ging ich in ein Narrenhaus,
der Chefarzt würfe mich hinaus.

Nun sagt mir, wenn es Euch gefällt:
Was soll ich noch auf dieser Welt?

Genug! Nur fehlt noch die Moral
am Ende der erwähnten Qual:
Für alle gleich ist meilenweit
das Wetter und der Lauf der Zeit.
Der Mensch, macht er sich noch so steif,
wird unversehens abbruchreif.
Des Daseins eigentlicher Sinn
scheint, dass zum eigenen Gewinn
wir uns nach Kräften Mühe geben
für andre meist – so ist das Leben.
So ist es zweckvoll und gerecht.
Wer sich dran hält, der fährt nicht schlecht.

Beurteilung eines Referendars

HAMBURG, 6. MÄRZ 1981

Imprägniert mit Tabakwaren
seit grad' achtundzwanzig Jahren
volontiert ein Referendar
nun bereits ein Vierteljahr
hier bei „*Preise und Kartelle*":
Blond und lässig, aber helle:
THOMAS WOLSDORFF[26]. Wer ihn kennt,
konstatiert: Naturtalent,
fällt nicht lästig, schont die Nerven,
Mann mit heimlichen Reserven,
Mann mit Common Sense und Geist.
Solche Mischung führt zumeist
zum Erfolg: Stets war durchdacht,
war, was zu Papier gebracht;
auch was rundherum ich seh',
wohl geordnet und o.k..
Danach wird – so steh'n die Zeichen –
er das Klassenziel erreichen.
Beifall klatschend sind zugegen
Kolleginnen und Kollegen
Alle wünschen ihm das Beste
Heut' zu seinem Wiegenfeste.

---

[26] Einer von über 60 Referendarinnen und Referendaren, die durch die Schule des Autors gegangen sind.

Zur Amtseinführung des Nachfolgers

INGO NIMZ – 41 JAHRE, 2. SEPTEMBER 1983

Problematisches Neuland betreten
Hat **INGO** – vom Stamme der **NIMZ**,
als jüngst ihn das Schicksal verschlagen
auf das Eiland „*Kartelle und Preise*".
Allhier gelten and're Gesetze
als im Dunstkreis „*Kreditkommission*".
Drum: Stell'n Sie sich um, Herr Kollege!

Am Anfang jeglicher Praxis
studiere man stets die Historie
- auf deutsch: die Entstehungsgeschichte –
der jeweils betroff'nen Materie,
die zu pflegen und sorgsam zu hüten
der Beruf des Verwaltungsjuristen.
Unterstützung sei hier „in concreto"
dieses *WEISSER*'sche *Handbuch der Werbung*
(**Anno dazumal** hieß man's **Reklame**).

Eminent ist die Rolle der Werbung
(versteht man den Wortsinn umfassend)
sowohl im Getriebe der Wirtschaft
wie im Leben des einzelnen Menschen –
denn begehrt und **umworben ist jeder**
sei's aus welchem Grunde auch immer.
Was die Wirtschaft betrifft, ist Reklame
wohl die Seele der Ökonomie:
Wie soll **Wettbewerb** je sich entfalten,
wenn der zündende Funke – die Werbung –
Schlag auf Schlag, einem Feuerwerk ähnlich,
die Gemüter nicht ständig erhitzt?!
So war's früher, so ist es noch heute.
Allerdings sind die Mittel verfeinert –
Ja, sie sind in der Tat raffiniert!

Drum beachte: Stets lauter und sittsam
sei die Werbung, der Wettbewerb **frei
von Beschränkungen jeglicher Art**,
es sei denn, das Gesetz und Herr *NIMZ*
ließen gnädig ein anderes zu.
Doch vorerst, wie schon oben begründet,
und weil Bildung mit Bildern zu tun hat,
erhält *INGO NIMZ* einen Bildband
zum Beginn seiner fünften Dekade,
selbstverständlich wie üblich verbunden
mit der herzlichsten Gratulation!

Gefährtin meiner Jugend

*HEITER-ERNSTE VERSE ZUM 71. GEBURTSTAG
VON **GUDRUN H.**
HAMBURG 1988*

Wie das so mit den Zahlen ist –
ich sagt' es schon vor Jahresfrist:
Man glaubt, man habe sich geirrt,
als man auf einmal siebzig wird
und jetzt schon drüber! Meine Herrn!
Des Reimes wegen darf man gern
wohl mal die hochgeschätzten Damen
vergessen, auch in ihrem Namen
verlautbart schließlich der Chronist,
was heute hier zu sagen ist:

Verwechselt man die Position
der Ziffern (Ihr versteht mich schon)
vermittelst Parallelverschiebung –
wahrhaftig eine leichte Übung:
Potz Blitz und Donner! Es ergibt sich
schlicht **siebzehn** statt der 71!
Das walte Gott – das waren Zeiten!
Am besten ließ man sich begleiten,
wenn's ging, von einer guten Fee,
doch auch (wie's ja beliebt von je)
von einem Rosenkavalier
von Ball zu Ball bis früh um vier.
Doch dies noch näher zu beschreiben,
führt glatt zu weit. Drum lass' ich's bleiben.

Betritt man wie die ***GUDRUN*** heute
mit *JOCHEN B.* an ihrer Seite
gemess'nen Schritts die achte Dekade,
da wär' es wirklich jammerschade,
mit Wehmut, Tränen und Bedauern
verfloss'ner Jugend nachzutrauern.
Dem Leben stets mit wachen Sinnen
das Positive abgewinnen:

Das ist die Kunst, in der zu üben
sich wahrhaft lohnt. Was unterblieben,
weil man die Zukunft abgeschrieben
und auch die Gegenwart im Trüben
infolge Trauer ob verpasster
Gelegenheit zu frohem Laster,
das bleibt Verlust für alle Zeit.
Es lebe die Gelegenheit,
die jetzt sich bietet. Zwar ist's schön,
Erinnerungen nachzugeh'n;
doch hat – bedenkt dies andrerseits –
ein jedes Alter seinen Reiz,
und jeder Tag, so ist es eben,
bereichert unser ganzes Leben,
sofern wir wie ein braves Kind
in Demut froh und dankbar sind.

Verzeiht mir, dass die letzten Worte
ein bisschen von der ernsten Sorte.
Doch war dies durchaus ernst gemeint.
Wie schön, dass wir heut' froh vereint –
Glückauf, dass es froh weiter geht!
Ein frommer Wunsch kommt nie zu spät.

Reisenotizen

Reisenotizen I – *SÜDTIROL* „Kort un bünnig"

(EINE DANKSAGUNG)
MERANREISE 5.-14. OKTOBER 1990

Meine sehr geehrten Damen und Herren,
liebe Reisegefährtinnen und –gefährten!

Mir sei verstattet, hier und jetzt im Namen
von ein Paar Herren und von vielen Damen
uneingeschränkt, d.h. ganz ohne Schranken,
ein hohes Lob zu sprechen und zu danken
all jenen, die die Reise nach *MERAN*
so trefflich vorbereitet und alsdann
uns an die Hand genommen, jederzeit
uns nötigen Falles beispielhaft betreut.
Wer diese sind? (Ich meine die Betreuer.)
Man nennt sie gern anlässlich dieser Feier:

Frau *GERDA NAEBERT* – hab'n wir ja wohl alle mächtig gern.
Was ist sie aber auch für eine tücht'ge, nette Deern!
Sie schien geheimnisvoll zu jeder Stunde
mit Wettermacher Petrus fest im Bunde.
Wie wäre sonst das Reiseglück zu mehren,
die permanente Sonne zu erklären?!
Glück hat (und bringt – das ist grad' hier das Wichtige!)
wie's Beispiel zeigt, auf Dauer nur der Tüchtige.
Und ihr zur Seite – seht nur richtig hin!
Was wär' die ganze Reise ohne ihn?
Herr *OTTO MÖLLER*, unser Lenkrad-As.
Mit ihm da macht das Reisen wirklich Spaß!

Gebt bitte Obacht, wenn nunmehr
die Einzelheiten ich bescher' –
ein paar nur, denn der allzu rege
Chronist wird leicht zur Nervensäge.

Seit *NEUMARKT*, wo sich's nächtens abgeregnet,
war uns're Reise Sonnenschein-gesegnet,
und weit vor *MÜNCHEN* galt bereits die Wette.
Jawohl! Am Horizont da ist die Alpenkette.
Nachdem die Anfahrt sich erledigt hat,
ist man am Sonntag erst mal ganz privat.

MERAN: Von dort aus westwärts nach *NATURNS*
Und über *SCHLANDERS*, *SCHLUDERNS* bis nach *GLURNS*
quer durch den *VINSCHGAU*, quer durch's Paradies
ging's Montag ganztags. Gen Südosten wies
der Dienstags-Kurs zum *SEISER-ALM*-Gewimmel
bei Fernsicht-klarem, strahlend blauem Himmel,
und Tags darauf genoss ein jeder wohl
Oktober-Sonnenschein im *DORF TIROL*.
Von brutto 10 Meraner Reisetagen
sind damit sechs schon mit Bravour erschlagen –
gewiss auch dank dem heimischen Begleiter
und durchweg exzellenten Wegbereiter,
dem **SPORNGEBIRGLER** [27], der humorgewürzt
und kompetent die Fahrten uns verkürzt
mit Fakten und – teils deftigen – Legenden
stets wohldosiert und druckreif zu verwenden.

Mal seh'n, was uns der dritte Tag
mit ihm nun wohl noch bringen mag.

Inzwischen ist der *RITTNER* [28] auch erledigt,
SPORNBERGERs Ruf erneut brillant bestätigt.
Ich komm zum Schluss, denn auch mit Müh' und Plagen
kann ich, was morgen ist, heut' noch nicht sagen.
Eh wir zu Haus' sind, jetzt schon nochmals Dank
mit dem traditionellen Abgesang:
Vielleicht wird mancher später auf Befragen
mit Wehmut (und mit *AUGUST KOPISCH*) sagen:
Ach, wie war es doch vordem
mit **MÖLLER/NAEBERT** so bequem;
denn war man faul, man legte sich
auf's Kanapee und pflegte sich.
Früh morgens, ehe man erwacht,
hat **GERDA NAEBERT** alles schon bedacht.

---

[27] Scherzhafte Bezeichnung der Angehörigen des *SPORNBERGER*-Clans
[28] Berg bei *BOZEN*

Man muss im Bus nur pünktlich ohne Hetzen
den angestammten weichen Platz besetzen…
Hoch *MÖLLER/NAEBERT* Kompagnon!
Ich bin am Ende. Aus der Song.

Reisenotizen II – *SÜD-POLEN*-Reise

oder

Das Land meiner Väter

18. BIS 25. JUNI 1989

1. Anfahrt
Am Treffpunkt ZOB am Sonntagmorgen:
Ade, ihr lieben Alltagssorgen!
IZ – C 1 rollt pünktlich an,
entschwindet Richtung Autobahn;
nach einer Stunde kurze Pause
für eine letzte Frühstücksjause
im „Diesseits". – Warnung dann für alle:
Die erste VOPO-Trichterfalle –
für *ERICH* [29] eine Kleinigkeit
(mit so was weiß er ja Bescheid).
Nur eines will nicht immer glücken:
Die **glatte** Fahrt, denn voller Tücken
sind nach wie vor die Straßenbrücken.
Was nützt's, die Straßen auszuflicken?!
Denn nach Jahrzehnten hilft halt nur
die teure Großreparatur.

Am Grenzpunkt *FORST* löst sich in Bälde
die Frage nach dem Umtauschgelde:
Zweitausend Zloty fast für eine Mark!
Und ganz legal! Das war wahrhaftig stark.
In *SCHLESISCH-POLEN* geht es dann
Mit ***ORBIS-KARIN*** flott voran,
und bald nach acht beziehen wir
in *WROCLAW / BRESLAU* Nachtquartier
in einem noblen Gästeschuppen
für Harte-Währung-Reisegruppen.

---

[29] Bus-Unternehmer und -Fahrer

2. *BRESLAU*

Ein hohes Lob gebührt der Dame
aus *WILNA* (wie war noch ihr Name?),
die kenntnisreich und engagiert
durch *WROCLAW / BRESLAU* uns geführt,
die mit Humor und sehr charmant
uns dargestellt hat, wie ihr Land
in seiner heutigen Form entstanden,
wo überall sich Polen fanden
vor mehr als tausend Jahren schon.
Seit mehr als einer Generation
versucht nun Polen, nach dem Sichten
der Trümmer neu sich einzurichten –
ein Werk, das nach dem großen Krieg
bis heut' die Kräfte überstieg,
da Polen in der Nachkriegswelt
fast völlig auf sich selbst gestellt.

Doch manches konnte hinter Mauern
die Katastrophe überdauern:
Kunstschätze, welche wir bewunderten,
und Schöpfungen, die in Jahrhunderten
in dieser Stadt entstanden und bezeugen,
was europäischem Genie zu eigen.

Was hat sich so in längst vergangenen Tagen
im heut'gen Süden Polens zugetragen?!
Man denke nur, wie einstmals die Piasten
mit deutschen Bräuten durch die Lande rasten,
wie Polens tapf're Krieger gegen Hunnen
bei *LIEGNITZ* eine große Schlacht gewunnen,
wie Habsburgs Herrscher sich hier eingenistet,
bis sie von Preußens *FRIEDRICH* überlistet!
Hier haben Spuren sich verwischt,
hier haben Völker sich vermischt.
Wo Herrscher sich partout nicht leiden mochten,
sind die Kulturen selten eng verflochten.

Dies alles und noch vieles andre mehr
gab die famose Halbtagsrundfahrt her
mit Ernst und Tiefgang, doch auch – ungelogen –
humorgewürzt und gegenwartsbezogen,
mit Fechterbrunnen, restauriertem Dom,
Leopoldina, Rathaus, Oderstrom,
und (wie in jedem Stadtbesichtigungsfalle)
der schier gigantischen Jahrhunderthalle.
Mit eigner Nostalgie sich zu befassen,
blieb nachmittags dann jedem überlassen.

Der Tag in *BRESLAU* war so im Ergebnis
Ein sicher unvergessliches Erlebnis
für alle jene, die – zumeist ergraut –
dem Roten Kreuz sich diesmal anvertraut.

Reisenotizen III – *CHINA*-Reise

Im Frühjahr '90 schwebte sie[30] auf China-Airlines-Flügeln
gen *PEKING*, ihre Unkenntnis von *CHINA* auszubügeln:

Kaisergräber, große Mauer,
TJENANMEN, verbot'ne Stadt,
Himmelstempel und noch manches,
was man dort auf Lager hat;
fremd für uns im fremden Lande:
Tribunal für Viererbande;
Diskussion mit hohen Richtern
mit verschlossenen Gesichtern.
Abschluss: Freundschaft, riesig nett
Peking-Enten-Festbankett!

> *XI'AN*: Tausend Tonsoldaten
> sagenhafter Potentaten,
> exhumiert und restauriert
> den Touristen vorgeführt –
> wahrlich eine Sensation
> von gewalt'ger Dimension!

> *CHONGQING*, *WUSHAN* – tagelang
> Kreuzfahrt auf dem *JANGTSEKIANG*.

> *WUHAN*: gelber Kranichturm,
> Rentner-Volkspark. Dann im Sturm
> *SHANGHAI*, Riesenstadt am Meere,
> Stadt mit eigner Atmosphäre.

> *SUZHOU*, *HANGZHOU* und *GUILIN* –
> schließlich bis nach Hongkong hin
> (unvergessen bleibt die Enge
> dort im menschlichen Gedränge!).

Zwecks Erholung, um sich aufzuwärmen:
Golf von *BANGKOK*. Man geriet ins Schwärmen!

Das war eine tolle Zeit.
GERDA hat es nicht bereut.

---

[30] Reiseteilnehmerin **GERDA G.** (Die vorstehende, stichwortartige Darstellung wurde ihr aus Anlass
ihres 75. Geburtstags zur Erinnerung dargeboten.)

KARL-FRIEDRICH BIRKNER – 70 Jahre

ANMERKUNGEN EINES ÄLTEREN ... ANVERWANDTEN
NEUMÜNSTER 1994

Meine sehr verehrten Damen, meine Herren, liebe Jubiläumsgäste,
liebe Sippenzugehörige und – last not least – lieber **KARL-FRIEDRICH**!
Das heutige Motto lautet:

Wie wohl ist dem, der dann und wann
sich etwas Schönes dichten kann!

(*WILHELM BUSCH*; „Balduin Bählamm")

Wohlan denn

ad 1)   **Kurz-Charakteristik des Jubilars**

Ein Sachse, von Natur aus wendig,
in *SCHLESWIG-HOLSTEIN* bodenständig,
wenn auch vorübergehend flüchtig,
dieweil nach höh'rer Weihe süchtig
(in Richtung *DÜSSELDORF* am Rhein
muss es ja wohl gewesen sein),
reumütig dann zurückgekehrt
an *ROBERT KOCHEN*s warmen Herd[31] -
ja, gibt's das? Kann's denn so was geben
im wirklichen, im wahren Leben?
Und ob's das gibt! Ein Musterexemplar
genannter Gattung ist der Jubilar:
Ein Sachse, kraftvoll von Statur,
ein Recke (körperlich nicht nur),
ein Mannsbild, strahlend, wie man sieht,
einst Synodaler von Geblüt,
ein Mensch, von Forschungsdrang besessen,
Organisator von Kongressen,
ein Bastler, Tüftler auf den Spuren
antiker und verstaubter Uhren,
(die er, im Kämmerlein versteckt,
zu neuem Leben dann erweckt) –
dies alles sind aus meiner Sicht
noch lange und beileibe nicht
erschöpfend jene Eigenschaften,

---

[31] Der Jubilar wohnt in der *ROBERT-KOCH*-Straße 86 in *NEUMÜNSTER*.

die an dem Jubilaren haften,
jedoch nebst vielen and'ren Sachen
ihn ungemein sympathisch machen.

ad 2) **Zur Familiengeschichte (ganz kurz)**
Kein Wunder, dass Frau *DOROTHEE*
Gefallen fand an ***K.F.B.***,
der flugs erkannte, was er an ihr hatte,
und sich empfahl als dauerhafter Gatte,
worauf sie ihn als künft'gen ***BIRKNER***-Boss
unwiderruflich in die Arme schloss.
Das Sippenwachstum weiter zu beschreiben,
führt hier zu weit. Drum lass ich's heute bleiben.

ad 3) **Philosophische Betrachtung aus gegebener Veranlassung**
Ist es normal, ist es verrückt,
dass einem niemals alles glückt?
Eins ist schlechthin nicht zu vermeiden:
Von Zeit zu Zeit muss man entscheiden!
Mal trifft man voll, mal geht's daneben;
Das ist die Crux in diesem Leben.
Mein Gott, was soll's?! Geht mal was schief,
der Schaden bleibt stets relativ.
Entscheidend ist, wie man's betrachtet,
und dass man sorgsam darauf achtet
bei allem, was wir so betreiben,
im eignen Gleichgewicht zu bleiben.
Ein guter Rat ist zwar oft wichtig,
nicht immer aber ist er richtig.
Dennoch: Gelobt sei (dienstlich wie zu Hause)
die regelmäß'ge schöpferische Pause.
Bedenke stets: Um smart und fit zu bleiben,
empfiehlt sich's dringend, nichts zu übertreiben.
Nicht ohne Grund mahnt ein Chronist[32]
(was sicher wahr und richtig ist):
Streng genommen soll man nur,
was man an sich selbst erfuhr,
tadeln oder loben.

---

[32] *OSWALD REIẞERT* („Mensch sei jung!")

Aber ach! Das Leben ist
viel zu kurz, um jeden Mist
selber zu erproben.

ad 4)   **Ausklang**
Weil jedes Ding mal enden muss,
kommt der Chronist nunmehr zum Schluss:
Der Jubilar entfleucht heut' – jammerschade! –
der prall gefüllten siebenten Dekade,
um (denk' ich mal) mit Singen und mit Beten
das Neuland jungen Alters zu betreten,
das – wie die Dinge amtlich nun mal sind –
pünktlich mit siebzig Jahren erst beginnt.
War auch die Lage oft verworr'n,
der Blick zurück sei ohne Zorn.
So weit, so gut. Es fehlt als Klette
an der Geburtstags-Versekette
der Glückwunsch: Lieber *K.F.B.*,
bleib wie Du bist, gesund und zäh,

Kummer sei lahm! Sorge sei blind!
Es **lebe** das Geburtstagskind!

Die zehnte Dekade

oder

Die Zeit wird knapp

AMMERSEEK 2010

Die Erde lebt. Nichts bleibt, wie's grade einmal ist.
Licht kommt, Licht geht. Und alles Ding hat seine Frist.
    Du bist ein alt gewordener Mann,
    der vieles nicht mehr leisten kann.
    Darauf hast Du Dich einzurichten,
    auf dies und jenes zu verzichten;
    statt neue Felder zu erschließen,
    die Sonnentage zu genießen;
    was wünschenswert Dir noch verblieben,
    nach Möglichkeit nicht aufzuschieben.
Jedoch die Zeit, die zur Verfügung steht,
wird knapp. Es ist schon ziemlich spät.
    Was früher lässig ohne Zwang,
    Dir wie im Handumdreh'n gelang,
    ist heut oft keine Kleinigkeit.
    Du brauchst für alles viel mehr Zeit.
    Statt vieles wahllos fortzuführen
    empfiehlt sich's drum, geschickt zu selektieren,
    damit, wenn's geht, in angemess'ner Frist
    erledigt wird, was wirklich wichtig ist.
Die Welt ist voll von tausend schönen Dingen,
die uns in diesem Leben Freude bringen.
Als stiller Gast auf diesem schönen Stern
spürst Du des Lebens Lust und Last noch immer gern.
Greif munter zu, wonach der Sinn Dir steht!
Schnell ist es, eh' man sich's versieht, zu spät.
Denn unentrinnbar ist des Schicksals Wende.
Dein frommer Wunsch: Kein allzu dickes Ende!
    Was grob zu tun war, ist getan.
    Ab morgen sind die Nächsten dran.

Danksagung

Herzlich zu danken habe ich meiner ältesten Tochter VALBORG SASSE und meinem Schwiegersohn DR. RUDOLF KINZINGER, die durch technische Hilfe und mancherlei Hinweise am Zustandekommen dieses Büchleins wesentlichen Anteil hatten.

Roland F. Ziegler

Die Illustration auf dem Einband entstammt dem *Medienarchiv Wikimedia Commons* und ist gemeinfrei; das Foto auf der Rückseite stellte der Autor zur Verfügung.